Acht
samkeit

30 Methoden Dein Leben zu verbessern

Melanie Koßmann

Capt. Swings
geheime Bibliothek

Bibliografische Information der Deutschen Nationalbibliothek: Die Deutsche Nationalbibliothek verzeichnet diese Publikation in der Deutschen Nationalbibliografie; detaillierte bibliografische Daten sind im Internet über dnb.dnb.de abrufbar.

© 2021 by Melanie Koßmann
Herstellung und Verlag:
BoD – Books on Demand, Norderstedt
ISBN 9783755761617

Melanie Koßmann

wurde 1971 in Lahnstein geboren. Aufgrund ihrer Liebe zu Büchern, half sie bereits als Jugendliche in der städtischen Bücherei ihrer Heimatstadt aus. In späteren Jahren zog es sie ins Ausland, häufig nach Spanien, sowie nach China, Thailand, Laos und Burma, wo ihre Leidenschaft für die asiatischen Kampfkünste geweckt wurde.

Diesen Vorlieben ist sie bis heute treu geblieben. Sie unterrichtet als Qigong- und Taijiquan-Lehrerin und schreibt Bücher, deren Themen so bunt zusammen gewürfelt sind, wie das Leben selbst.

www.qigong-lahnstein.jimdofree.com

Inhalt

Melanie Koßmann

Ich glaube von mir sagen zu können: ich bin ein zufriedener und ausgeglichener Mensch. Ich bin glücklich und dankbar. Ich liebe das Leben und kann in vollen Zügen genießen.

Irgendwann wurde mir bewusst, dass viele Menschen genau dies nicht von sich sagen können.

Achtsamkeit ist für mich nichts Ungewöhnliches, ist es auch nie gewesen.

Viele der folgenden Übungen mache ich aus einer Art Selbstverständlichkeit heraus.
Ich mache sie, um mich wohl zu fühlen.

Für mich ist Achtsamkeit etwas völlig natürliches.
Vielleicht trägt meine Tätigkeit als Qi Gong und Tai Chi Lehrerin dazu bei, Achtsamkeit so wahrzunehmen.

Ich kann mich allerdings an Momente meiner Jugend erinnern, wo ich staunend vor einem Gänseblümchen sitze, den Stängel befühle und die Farben bewundere.
Das tue ich heute noch.

Achtsamkeit ist der Schlüssel zum Glück.

Um was es geht

Achtsamkeit bedeutet den Moment bewusst wahrnehmen.

In Konzentration im Augenblick verweilen. Nebensächliches wird ausgeblendet.

Durch fokussiertes Denken und Handeln findest du zu mehr Ruhe.

Stressabbau im Alltag sind die Folge, dadurch verbessert sich die Lebensqualität.

Du lernst kleine Stolpersteine im Leben leichter hinzunehmen.

Bewusstes Erleben im Hier und Jetzt steigert die Lebensfreude.

Vielleicht ist dies dein persönlicher Weg zum Glücklichsein.

Dank
barkeit

Überlege dir jeden Abend vor dem Zubettgehen 5 Dinge, für die du an dem heutigen Tag dankbar bist.

Was hast du als besonders schön empfunden?

Manchmal muss man eine Weile nachdenken, denn im ersten Moment erscheint dir der Tag vielleicht belanglos und grau oder es ist sogar einiges schief gelaufen.

Sieh einmal genauer hin. Diesmal mit dem Fokus auf all die schönen Dinge.

Lass den Tag langsam Revue passieren.

Du findest sicher einiges, was dich bereichert hat.

War es nicht herrlich nach dem anstrengenden Tag, am Abend ins kuschelige, weiche Bett zu schlüpfen und die Entspannung über sich kommen zu lassen?

Oder vielleicht empfindest du Dankbarkeit über den genehmigten Urlaub durch den Chef, für die tröstenden Worte der Freundin am Telefon oder den Sonnenschein am Nachmittag.

Es müssen keine großen Ereignisse sein. Hier zählen oft die ganz kleinen Dinge im Leben.

Dazu kann das Lächeln eines vorübergehenden Fremden gehören oder der Hund, der schmusend um deine Beine streift.

Versuche regelmäßig für einen Moment inne zu halten. Spüre deine Atmung. Atme ruhig ein und aus.

Schaue auf das, was du gerade tust. Sieh genau hin. Nimm dich selbst und auch deine momentane Tätigkeit ganz bewusst wahr.

Nutze all deine Sinne.

Was fühlst du?

Welche Geräusche nimmst du wahr?

Was riechst du?

Was schmeckst du?

Was siehst du?

Inne halten

Essen mit Genuss

Lerne dein Essen bewusst zu genießen.

Das fängt bereits bei der Zubereitung der Speisen an. Suche dir frische, gesunde Lebensmittel aus und plane mit Freude dein Menü. Koche in Ruhe dein auserwähltes Lieblingsgericht. Sieh genau hin was du machst. Versuche bei der Sache zu bleiben, ohne die Gedanken abdriften zu lassen.

Dann sorge für eine angenehme Atmosphäre am Tisch und beginne langsam mit Aufmerksamkeit zu essen.

Kaue jeden Bissen mindestens 30 Mal. Versuche dabei die einzelnen Gewürze herauszuschmecken. Spüre die Konsistenz im Mund. Vermeide dabei jede Ablenkung, sei es durch TV, Handy oder Gespräche. Lege am Besten nach jedem Bissen das Besteck zur Seite. Kaue ausgiebig und ruhig. Greife dann Messer und Gabel erneut, um bewusst den nächsten Bissen zu dir zu nehmen.

Ist der Teller halb leer, dann halte kurz inne und spüre in dich. Bist du noch hungrig? Wenn ja, fahre fort, falls nicht, höre auf zu essen und stelle den Teller weg. Oftmals isst man seine Mahlzeit während man etwas anderes tut. Dadurch schaufelt man unbewusst Essen in sich hinein, obwohl man längst satt ist.

Für diese bewusste Nahrungszubereitung und Aufnahme sollte man Zeit einplanen.

Natürlich hat man diese nicht immer, aber selbst in der Mittagspause am Arbeitsplatz, sollte man sich ausreichend Freiraum gönnen, um langsam und in aller Ruhe das Mittagessen zu genießen.

In geselliger Runde kann man sich des bewussten Essens ebenfalls erinnern.

Bist du zum Essen eingeladen worden? Versuche herauszuschmecken welche Zutaten oder Gewürze in der Küche verwendet wurden.

Meditation

Versuche ein paar Minuten am Tag zu meditieren. Lass es zu einer festen Gewohnheit werden.

Suche dir dafür einen ruhigen Ort, einen Platz der dir gefällt.

Zieh dir bequeme Kleidung an und setze dich dafür im Lotussitz mit geradem Rücken auf ein Meditationskissen. Alternativ kannst du eine zusammengerollte Decke oder ein Sitzbänkchen unter das Gesäß schieben. Wichtig ist, dass der Rücken aufrecht bleibt, die Beine gut durchblutet werden und die Knie sich unterhalb der Hüftgelenke befinden. Das kann am Anfang etwas unbequem wirken, legt sich aber. Solltest du in dieser Haltung Schmerzen in den Knien oder der Hüfte haben, wähle eine angenehmere Position für dich. Probiere den Fersensitz aus, indem du dich auf deine locker nach außen fallenden Fersen setzt. Sind dir die Positionen am Boden nicht möglich, setz dich aufrecht auf einen Stuhl. Der Sitz sollte entspannt sein, nicht verkrampft. Der Kopf ist aufrecht, das Kinn hat eine leichte Tendenz Richtung Brustbein. Lege die Hände auf deine Oberschenkel. Die Handflächen weisen nach oben, Daumen und Zeigefinger berühren sich.

Lockere deine Schultern, indem du sie mehrmals anhebst und fallen lässt. Atme tief ein und aus und entspanne den Bauchbereich.

Dann lasse deinen Atem natürlich fließen. Beobachte ihn. Lass deine Gedanken ziehen.

Das klingt einfach, ist aber zu Beginn oft nicht so leicht. Du erwischst dich vielleicht dabei Pläne zu schmieden oder über Probleme nachzudenken. Nimm diesen Gedanken kurz an und schiebe ihn bewusst beiseite. Konzentriere dich erneut auf deine Atmung. Bleib entspannt, atme ruhig.

Komme danach langsam aus der Übung. Räkele dich, strecke dich. Trinke ein Glas Wasser oder Tee. Falle nicht sofort erneut in Aktionismus. Lass die Meditation nachklingen.

Beginne mit ein paar Minuten am Tag. Du kannst dir einen Wecker stellen. Überfordere dich nicht und erwarte am Anfang nicht zu viel. Nach und nach kannst du die Meditation verlängern.

Gedanken werden immer wieder unkontrolliert auftauchen. Mit der Zeit wird es dir aber immer leichter fallen und du wirst die positive Wirkung spüren.

Wenn die Gedanken zur Ruhe kommen, ist es herrlich entspannend, gib also nicht auf.

Es ist wichtig, regelmäßig zu üben, mach ein tägliches Ritual daraus.*

---

* Buchtipp: Yürgen Oster, Sitzen in Vergessenheit

Achtsame

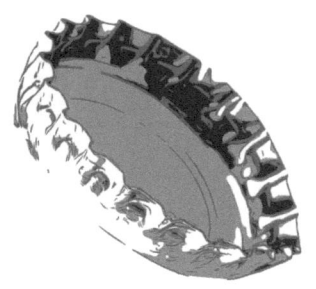

Betrachtung

Wähle einen Gegenstand aus, der ohne Bedeutung für dich ist. Es kann etwas Gefundenes aus der Natur sein oder etwas beliebiges anderes aus deinem Haushalt. Nimm ihn in die Hand und betrachte ihn, als würdest du ihn zum ersten Mal sehen. Fühle die Oberfläche, spüre das Gewicht, die Temperatur. Sieh dir die Farbe und Struktur genau an.

Verhalte dich neugierig wie ein Kind. Dies hilft dir Achtsamkeit gegenüber kleinen Dingen zu schulen.

Hebe den Gegenstand bitte auf, du brauchst ihn noch für weitere Übungen.

Spazier gang

Mache einen Spaziergang alleine. Es ist egal ob du dich in der Stadt befindest oder auf dem Land.

Gehe langsam und atme ruhig. Setze jeden Fuß ganz bewusst auf, spüre den Boden unter dir. Wie fühlt sich der Untergrund an? Ist er fest oder eher weich? Ist der Boden trocken?

Genieße mit all deinen Sinnen.

Welche Geräusche nimmst du wahr? Raschelt vielleicht Laub? Hörst du Vogelgezwitscher aus der Ferne oder Musik?

Atme tief ein und aus. Wie ist die Lufttemperatur? Ist es kühl oder wärmt die Sonne deine Haut? Spüre, wie angenehm es ist ohne Eile zu gehen, in Ruhe ein-und auszuatmen, ziellos zu schlendern. Du musst nichts tun, nicht arbeiten, nicht sprechen.

Spürst du, wie wohltuend es ist alleine zu sein, keine Unterhaltung führen zu müssen?

Einfach nur gehen.

Blicke nach oben in den Himmel. Welche Farbe hat er? Welche Formen haben die Wolken?

Ein wohliger Zustand des Alleinseins.

Riechst du den Duft des gebackenen Brotes, aus der Bäckerei an der Ecke oder vielleicht kannst du den Duft des frisch gemähten Grases oder des Waldbodens wahrnehmen? Riecht es nach Regen?

Die Sinne sind geschärft, können alles wahrnehmen.

Deine Bewegungen sind ruhig, deine Atmung ist ruhig, deine Gedanken sind ruhig.

Öffne jeden Morgen die Fenster deiner Wohnung und lasse für einen Moment Frischluft hinein. Atme am geöffneten Fenster ein paar mal tief ein und aus. Hauche die Müdigkeit und die Schwere aus und belebe dich mit frischer Morgenluft. Genieße bewusst wie die Lungen sich füllen und der Atem wieder entweicht. Lass Klarheit einströmen.

Wofür kannst DU dich öffnen?

Welchen Ballast kannst DU abgeben?

Fenster öffnen

Ruheanker

Erwähle dir deinen ganz persönlichen Ruheanker. Das kann zum Beispiel ein glitzernder Halbedelstein, ein hübsch geformter Kieselstein, ein kleines Sorgen-Püppchen, eine Geldmünze oder eine Muschel aus dem letzten Traumurlaub sein. Trage diesen Gegenstand bei dir. In der Geldbörse oder in der Tasche. Verbinde ihn zuvor mit einem liebevollen Gedanken.

Plane damit bewusst eine kleine Pause ein, einen Augenblick der Ruhe, in dem du den Gegenstand herausnimmst. Halte ihn in der Hand und werde dir dessen Bedeutung bewusst.

Verknüpfe dies mit einem Lächeln oder einem tiefen Atemzug, einem Glücksmoment.

Zhan Zhuang

Ich bin selbst praktizierende Qi Gong und Tai Chi Lehrerin, darum liegt mir diese chinesische Meditations- und Bewegungsform besonders am Herzen.

Qi Gong ist eine Kombination aus Atemtechnik, Bewegung und mentaler Vorstellung, die der Gesunderhaltung dient und das körperliche wie seelische Wohlbefinden stärkt. Dabei entsteht ein Gefühl der Entspannung und Ruhe.

Es gibt eine Vielzahl von Qi Gong Richtungen, von leichten Übungen bis hin zu anspruchsvollen Choreographien, die unbedingt der Präsenz eines Lehrers bedürfen.

Ich möchte dir hier eine Anleitung für eine Qi Gong-Meditation im Stehen an die Hand geben.

Grundlegend dafür ist die richtige Haltung.

Stehen wie ein Pfahl

Stelle die Füße schulterbreit, parallel ausgerichtet, auseinander. Das Gewicht ist mittig und der Körper aufrecht. Öffne die Kniegelenke indem du ein wenig einsinkst, nicht zu viel. Die Füße sollten noch sichtbar sein. Öffne auch das Hüftgelenk, indem du die Oberschenkel etwas nach außen drehst. Du hast nun einen sicheren Stand. Deine Fußsohlen sollten festen Bodenkontakt haben und das Körpergewicht darauf mittig verteilt sein.

Lass das Steißbein locker hängen, stell dir vor ein Gewicht ist an diesem befestigt.

Das Kinn neigt sich ein wenig Richtung Brustbein, so dass sich die Halswirbelsäule ebenfalls streckt. Fast so, als wärst du am Oberkopf mit einer Schnur an der Decke befestigt und der ganze Körper hängt locker herab. Die Arme hängen entspannt neben dem Körper, das Brustbein ist gelöst. Die Wirbelsäule ist nun aufrecht und die einzelnen Wirbel sind aufgereiht wie auf einer Perlenkette.

Hebe die Arme gerundet bis auf Herzhöhe nach oben, so dass die Ellenbogen nach außen weisen und die Handinnenflächen zu dir zeigen, so

als würdest du einen großen Baumstamm um-
armen. Die Fingerspitzen zeigen zueinander.
Die Arme sind entspannt und bilden somit einen Kreis.

Jetzt beobachte deine Atmung. Atmest du flach
oder tief? Bewegt sich der Brustkorb? Hebt sich
die Bauchdecke? Nimm dich wahr.

Dann atme mehrere Male ruhig und tief in den
Unterbauch ein und aus. Spüre wie der Bauch
sich gleichmäßig hebt und senkt. Wie fühlt sich
das an?

Konzentriere dich nun auf deinen Unterbauch.
Etwas unterhalb des Bauchnabels befindet sich
dort das sogenannte untere Dan Tian, ein ener-
getisches Zentrum. Du kannst es dir in deiner
Phantasie als leuchtende goldene Kugel oder
Sonne vorstellen. Versuch dieses Bild in dir zu
erwecken.

Stell dir vor, wie sich der goldene Ball mit jeder
Einatmung ausdehnt, hell erstrahlt und mit der
Ausatmung wieder kleiner wird und an Leucht-
kraft verliert. Lass dich nicht von aufkeimenden
Gedanken ablenken, kehre immer wieder zum

Bild mit der pulsierenden, strahlenden Kugel zurück.

Stehe unbewegt. Atme langsam, ruhig und gleichmäßig. Versuche ein Gefühl für das untere Dan Tian zu entwickeln.

Vielleicht strahlt die Sonne sogar aus dir heraus und wärmt deine Handflächen?

Dann komme mit deinem Bewusstsein langsam wieder im Hier und Jetzt an. Lege die Hände übereinander auf dein Dan Tian und spüre nach.

Suche dir für das Stehen wie ein Pfahl einen abgeschiedenen ruhigen Ort, an dem du dich unbeobachtet und wohl fühlst.

Beginne mit 2 Minuten Stehen und steigere dann langsam. Es ist eine ruhige Übung und du wirst merken, wie auch in dich langsam Ruhe einkehrt. Es mag dir am Anfang schwer fallen unbewegt zu stehen und die Zeit wird dir endlos erscheinen, aber es ein lohnender Weg der Selbsterfahrung, der langfristig zu mehr Ausgeglichenheit und Achtsamkeit führt.

Tee

Die chinesische Teezeremonie empfinde ich persönlich als ein besonders schönes Ritual der Achtsamkeit. Es drückt für mich ebenfalls Lebensfreude, Geselligkeit und Genuss aus. Von

meinen Chinareisen habe ich mir ein Teeservice mitgebracht, in dem ich mit Vorliebe Pu-Erh, Oolong oder grünen Tee zubereite. Es gibt aber auch anderen Ortes im freien Handel sehr schöne Teekannen mit allem Zubehör zu kaufen.

Man beginnt die Teezeremonie damit, die Teekanne und die Tassen mit heißem Wasser auszuspülen. Dabei wird das Geschirr zum einen gereinigt, zum anderen vorgewärmt. Nun werden die Teeblätter in die Kanne gegeben und mit heißem Wasser aufgebrüht, was dem Öffnen der Blätter dient. Dieser erste, meist noch bittere Aufguss wird sofort in die Schälchen gegossen, aber nicht getrunken, sondern weggeschüttet.

Es ist der Aufguss des guten Geruchs.

Der intensive Duft soll zur Einstimmung auf den folgenden Teegenuss dienen.

Wonach duftet der Tee?

Dann wird die Teekanne ein zweites Mal mit heißem Wasser gefüllt und die Blätter dürfen mit dem entsprechend temperierten Wasser 10-30 Sekunden ziehen.

Danach wird der Tee mit im Uhrzeigersinn kreisenden Bewegungen durch ein Sieb in ein Dekantiergefäß abgegossen, damit jeder Gast die gleiche Qualität des Aufguss erhält.

Von dort wird der Tee auf die einzelnen geleerten Schälchen verteilt.

Dies ist der Aufguss des guten Geschmacks.

Jeder Gast sollte seine Aufmerksamkeit nun voll und ganz dem Aroma des Tees widmen.

Welche Farbe hat der Tee? Woran erinnert der Duft?

Genussvoll wird in kleinen Schlücken getrunken. Der Tee darf einen Moment im Mund kreisen, verweilen, um von den Geschmacksknospen der Zunge richtig aufgenommen zu werden. Zeremoniell verkostet man den Tee in drei Schlucken. Der erste bereitet den Gaumen vor, der zweite dient für den Genuss, den Geschmack und der dritte Schluck leert das Schälchen.

Die Teeblätter bleiben in der Kanne und werden erneut mit Wasser übergossen.

Dies ist der Aufguss der Freundschaft.

Die Teezeremonie besteht also aus mindestens 3 Aufgüssen. Bei jedem erneuten Aufguss, sollte der Tee 10 Sekunden länger ziehen. Jedes verkostete Schälchen führt zu einem anderen Geschmackserlebnis und jedes weitere steht symbolisch für eine lange Freundschaft.

Die chinesischen Teezeremonie ist Ausdruck für achtsamen Genuss in der Gemeinschaft und Wertschätzung.

Nimm dir erneut den Gegenstand zur Hand, den du kürzlich achtsam betrachtet hast.

Beginne ihn zu zeichnen. Du musst kein Künstler oder guter Maler sein. Mache es auf deine Art und Weise, so gut wie du es eben kannst. Versuche auf die Details zu achten und diese wiederzugeben. Sieh genau hin.

Versuche einen anderen Stift, zeichne mit Kohle, oder male mit Aquarell.

Zeichnen

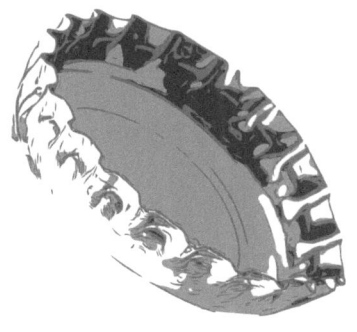

Qi Gong

Nun eine weitere Übung aus dem Bereich Qi Gong. Diese bewegte Meditation wurde aus der Übungsreihe „18 Wege vom Berg Wudang" entnommen.

Die Wildgans spreizt ihre Flügel
Nimm bitte die stehende Grundhaltung ein. (siehe oben bei Zhan Zhuang)

Die linke Hand ruht über der rechten vor dem Unterbauch.
Die Hände berühren sich nicht und die rechte auch nicht den Körper. Der Abstand zwischen den Händen beträgt ungefähr drei Zentimeter.

Einatmen:
Die Arme bilden einen Kreis, langsam steigen die Hände auf, bis in Höhe der Augenbrauen, sodass man unter ihnen hindurch sehen kann. Dabei bleiben die Hände übereinander, ohne sich zu berühren.

Ausatmen:
Die Schultern öffnen sich im Gelenk, so dass die Oberarme langsam nach außen tendieren, die Hände lösen sich voneinander und während die Schultern sinken beschreiben die Hände einen Kreisbogen, als würden sie an einem Regenbogen entlang streichen.

Einatmen:
Die Hände kommen aufeinander zu, mit geringer Kraft, als würde man einen Ballon zusammenpressen.

Ausatmen
Die Hände werden wieder vor dem Unterbauch übereinander gelegt.

Mach die Bewegungen langsam, wie in Zeitlupe. Wiederhole sie mehrfach ganz bewusst. Bleibe aufmerksam bei dem was du tust.

Fühle dabei, wie du nach und nach ruhiger wirst.

Versuche jeden Tag mindestens eine neue Erfahrung zu machen.

Es müssen keine waghalsigen Abenteuer sein, fang im Kleinen an.

Putzt du dir die Zähne mit der rechten Hand? Heute erledigst du das mal mit links.

Du gehst jeden Tag den gleichen Weg zur Arbeit? Morgen gehst du einen anderen Weg.

Jeden Vormittag übst du Yoga? Dann versuche es einmal am Abend.

Du schläfst in der linken Betthälfte, dann rollst du heute auf die rechten Seite.

Anstatt wie üblich zum Italiener zu gehen, probiere ein Indisches Lokal aus.

Veränderung

Setz dich auf einen anderen Platz an den Küchentisch, geh in ein ungewohntes Einkaufscenter, zu einem dir unbekannten Friseur.

Du fährst jedes Jahr an die Nordsee, dann plane doch jetzt einmal einen Urlaub in der Toskana.

Dein Blickwinkel wird sich verändern, du bekommst neue Sichtweisen präsentiert.

Somit werden auch unterschiedliche Empfindungen geweckt.

Du wirst deine Handlungen nicht nur anders, sondern sehr viel intensiver wahrnehmen.

Leben bedeutet Veränderung.

Fotogra fieren

Du hast sicher einen Fotoapparat oder ein Smartphone mit integrierter Kamera. Dann schnappe dir die Kamera und geh in die Natur. Sieh dich um, jede Jahreszeit hat ihren eigenen Charme.

Vielleicht ist das Laub gerade herbstlich bunt gefärbt. Achte auf die Details.

Schau dir die Maserung eines Blattes genauer an, wenn es dir ins Auge sticht. Halte fotografisch fest, was dir Freude bereitet. Kannst du die Tautropfen auf dem Spinnennetz in der Sonne glitzern sehen?

Manchmal lässt auch der Lichteinfall einen gewöhnlichen Ort zu etwas Besonderem werden.

Erkennst du die Kristalle des Schnees, wenn du ganz nah herangehst?

Vielleicht ist es Sommer und du wirst von der Farbenpracht der Blüten angezogen. Kannst du das Leuchten der Blumen einfangen? Findest du ein Insekt im Blütenkelch?

Mache Fotos. Finde einen ausgefallenen Blickwinkel.

Sieh aufmerksam hin und fange die Details ein.

Achte dabei auf Kleinigkeiten, auf Unscheinbares am Wegesrand. Dinge, die bei genauerem Hinsehen oder in Nahaufnahme ganz speziell und unerwartet attraktiv sind.

Bewundere die Schönheit der Natur.

Erstelle ein Fotoalbum mit achtsamen Momentaufnahmen.

Sieh dir die Fotos am Abend erneut an, lass die Augenblicke, in denen du sie gemacht hast, noch einmal passieren.

Du wirst merken, dass sich dabei ein angenehmes Gefühl und positive Gedanken einstellen.

Vielleicht zaubern die Fotos sogar ein Lächeln auf dein Gesicht.

FREUDE

:-)

Mach dir selbst täglich eine kleine Freude. Überlege dir ganz persönliche Dinge, die dir gut tun.

Kauf dir einen schönen Blumenstrauß, um dich daran zu erfreuen.

Stell dir eine Duftkerze auf den Tisch, die du am Abend anzündest. Nutze einmal die Zeit einen Saunabesuch zu planen oder nimm den Massagegutschein von letztem Jahr wahr.

Mach ein Peeling und pflege deinen Körper mit einer duftenden Lotion. Koch dir einen heißen Kakao mit Sahne oder belohne dich mit deinem Lieblingsgericht.

Ich persönlich liebe es, am Abend in einem heißen Schaumbad zu entspannen.

Tu dir etwas Gutes, wertschätze dich.

Achtsamkeit bedeutet vor allem, achtsam mit sich selbst umzugehen.

Beschreiben

Beschäftige dich erneut mit dem Gegenstand, der bereits von dir betrachtet und gezeichnet wurde. Diesmal beschreibe ihn mit Worten, ohne seine genaue Bezeichnung zu verwenden. Mach es auf deine ganz eigene Art und schreibe es auf ein Blatt Papier. Es kann eine ganz sachliche Beschreibung sein oder philosophisch, vielleicht sogar poetisch. Wenn du magst, verfasse ein Gedicht darüber. Sei dabei so präzise in der Beschreibung wie möglich.

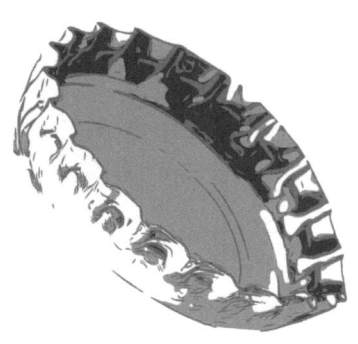

Harmonie

der

Energie

zentren

Lege dich möglichst bequem auf den Rücken. Achte darauf, dass du es warm genug hast. Die Position soll angenehm für dich sein. Die Füße sind 50cm weit auseinander und fallen locker nach außen.

Atme langsam und ruhig. Spüre den Boden unter dir, wie du sicher von ihm getragen wirst. Dein ganzes Körpergewicht kannst du jetzt abgeben, alles Schwere loslassen. Du wirst gehalten. Entspanne dich.

Spüre deinen Atem. Mit jeder Einatmung hebt sich die Bauchdecke, mit jeder Ausatmung sinkt sie ein.

Lass mit jeder Ausatmung die Alltagssorgen los und mit jeder Einatmung darf Leichtigkeit in dich einströmen.

Dieser Moment ist nur für dich. Für dich ganz alleine.

Deine Hände bilden jetzt eine Schale. Lege beide Hände mit der Handfläche auf deinen Oberkopf. Dies ist die Verbindung zu deinem höheren Selbst, dort liegt das Zentrum für die spirituelle Entwicklung. Stelle dir vor deinem geistigen Auge die Farbe Lila vor.

Verweile zwei bis drei Minuten konzentriert in der Farbe Lila.

Nimm langsam eine Hand vom Scheitel und lege sie auf deine Stirn, das obere Dan Tian. Dieses Zentrum fördert die übersinnliche Wahrnehmung, Konzentration und Intuition. Es erscheint ein dunkles Blau vor deinem inneren Auge.

Bleibe wiederum ein paar Minuten bei der Vorstellung der Farbe Dunkelblau.

Beide Zentren werden so miteinander harmonisiert.

Lege jetzt die Hand vom Scheitel auf den Genitalbereich. Dieses Zentrum steht für Vitalität, Urvertrauen, Erdung und Sicherheit.

Stell dir die Farbe rot vor. Ein intensives Rot leuchtet vor deinem inneren Auge.
Positive Energie fließt in beide Energiezentren.

Nimm die Hand von der Stirn und lege sie auf den Hals. Dort ist der Sitz deiner Kommunikation und Kreativität. Du hast das Potenzial dich frei auszudrücken.

Lass die Farbe Hellblau erscheinen. Ein intensives helles Blau leuchtet vor deinem geistigen

Auge. Die Energiezentren werden so miteinander ausgeglichen.

Nun führe die Hand vom Genitalbereich zum Unterbauch und lege sie etwa 2 Finger breit unterhalb des Bauchnabels auf das untere Dan Tian, den Hauptenergiespeicher.

Dieses Zentrum schenkt dir Kraft, Mut und Lebensfreude.

Lass die Farbe Orange in dir aufkeimen. Ein intensives Orange erscheint jetzt vor deinem inneren Auge.

Beide Zentren erfahren so einen harmonischen Ausgleich.

Lege die Hand vom Hals nun auf den Herzbereich, das mittlere Dan Tian. Das ist der Ort des Vertrauens zu dir selbst, sowie dem Zutrauen zu anderen. Auch Liebe, Verständnis, Mitgefühl und Vergebung sind hier zuhause.

Balanciere dich zwei bis drei Minuten mit der Farbe Grün aus. Lass ein intensives Grün strahlen.

Nimm danach die Hand vom unteren Dan Tian und lege sie eine handbreit oberhalb des Nabels auf den Solarplexusbereich. Dies ist das Zentrum für dein ICH-Bewusstsein, deine Selbstwertgefühle. Hier verarbeitest du deine Alltagssituationen, Erfahrungen und Denkmuster.

Lass die Farbe Gelb in deinem Inneren erscheinen.

Sieh mehrere Minuten ein leuchtendes, strahlendes Gelb. In beide Zentren strömt nun liebevolle Heilenergie ein.

Deine Harmonisierung der Energiezentren ist beendet. Komme langsam zurück.

Atme einige Male tief ein und aus, räkle und strecke dich. Dann öffne langsam die Augen, nimm den Raum um dich herum wahr. Spüre die wohlige Entspannung in dir.

Du bist wieder ganz im

Hier und Jetzt.

Bewusstes Atmen

Such dir einen ruhigen Platz, an dem du ungestört bist. Schließe die Augen und nimm deine Atmung bewusst wahr. Wie ist die Atemfrequenz? Atmest du flach? Ist die Einatmung genauso lang wie die Ausatmung? Steuere deine Atmung nicht, beobachte nur. Schärfe dein Bewusstsein dafür. Mit der Zeit wirst du feststellen, dass die Atmung sich ohne dein aktives Zutun vertieft und beruhigt. In akuten Stresssituationen kannst du so in wenigen Minuten zur Ruhe kommen.

Achtsames Chai Tee Ritual

Nimm dir etwas Zeit und bereite dir einen wärmenden Chai-Tee zu. Rezept für 2 Tassen:

500ml Milch
2 TL schwarzer Tee
2 Nelken
3 Zimtstangen
0,5 TL Kardamom
20g Ingwer
2 EL Brauner Zucker

Zubereitung:

Schäle zuerst den Ingwer und schneide ihn in Scheiben. Dann zerkleinere die Kardamonkapseln in einem Mörser. Erwärme die Milch in einem Topf und gib die Nelken, Zimt, Kardamom und den Ingwer hinzu. Lasse die Mischung 15 Minuten köcheln. Rühre dabei immer wieder um, damit nichts anbrennt. Danach füge den Tee hinzu. Die Milchmischung darf weitere 3 Minuten auf dem Herd köcheln bevor du den Zucker unterrührst. Die Flüssigkeit nochmals kurz aufkochen und zum Schluss durch ein Sieb abgießen.

Fülle den fertigen Chai-Tee in ein schönes Teeglas und platzierst dich an einen Ort deiner Wahl.

Ich setze mich gerne im Herbst mit einer Wolldecke und diesem wärmenden Getränk auf den Balkon. Nimm einen kleinen Schluck der Flüssigkeit in den Mund und schmecke die Gewürze. Versuche die einzelnen Komponenten zu erkennen. Spüre die Wärme der Tasse in deinen Händen im Gegensatz zu dem Wind, der deine Stirne kühlt. Rühr mit einem Löffel sanft durch den Schaum und sieh welche Spuren er hinterlässt.

Riechst du den angenehm würzigen Duft? Ein Moment des bewussten Geniessens. Eine Insel der Ruhe.

Fühlst du, wie die goldene Milch durch deinen Körper fließt und ihn von innen wärmt? Lass dich von der wohligen Wärme beleben.

Akzeptiere
dich

Nimm dir einen kleinen Block Papier und schreibe auf die Notizzettel welche Eigenschaften du an dir nicht magst. Denke auch über Vergangenes nach und notiere rückblickend deine Fehler. Nun zerknülle ganz bewusst die Zettel und sage: Ich verzeihe mir. Dann werfe die Zettel in den Müll, noch besser, ins Feuer. Das hilft dir, die Vergangenheit loszulassen und dich auf die Gegenwart zu besinnen. Lebe im Hier und Jetzt.

Die
Fünf
Finger
Methode

Eine bekannte Übung aus dem Achtsamkeitstraining ist die Fünf-Finger-Methode.

Schau dir dafür deine Hand an. Jeder Finger der Hand steht für eine andere Frage, über die du in Ruhe nachdenken solltest, um sie dir zu beantworten.

Präge dir im Anschluss deine positiven Gedanken ein oder schreibe sie auf, dadurch wirst du mentale Stärkung erfahren.

Daumen: Auf welche meiner Eigenschaften oder welches Talent bin ich stolz?

Zeigefinger: Was liebst du besonders in der Natur?

Mittelfinger: Wem würdest du gerne etwas Gutes tun oder eine Freude bereiten und warum?

Ringfinger: Welche Menschen liegen dir ganz besonders am Herzen und warum?

Kleiner Finger: Wofür bist du im Leben dankbar?

Die Kraft positiver

Glaubenssätze

Überlege dir einen positiven Glaubenssatz, eine Affirmation, die dir in deiner momentanen Lebenssituation Kraft gibt.

Dieser sollte:
- absolut positiv formuliert sein
- er muss zu dir passen
- sollte weder nicht, nie oder aber enthalte
- nicht in die Zukunft verweisen

Als Beispiele:

Ich bin mutig und stark

Ich bin ruhig und gelassen

Ich handele frei und selbstbestimmt

Ich liebe mich mit all meinen Fehlern und Schwächen

Ich vertraue mir, meiner inneren Stimme und meiner Intuition

Wiederhole den Satz täglich mehrfach vor dem Spiegel, damit er ins Unterbewusstsein eindringen kann und so verinnerlicht wird, dass er letztendlich zum gewünschten Ziel führt.

Barfuß laufen

Nutze den Sommer und ziehe einmal beim Spaziergang die Schuhe aus. Wann hast du das zuletzt gemacht? Du spürst die warme Erde unter deinen Füßen. Wie fühlt sich das an? Wie ist die Beschaffenheit des Bodens? Spüre deine direkte Verbindung zur Erde, zur Natur. Nimm dieses Gefühl der Freiheit mit allen Sinnen wahr.

Blick aus dem Fenster

Plane 5 Minuten am Tag ein, um aus dem geöffneten Fenster zu schauen. Bleibe selbst bewegungslos und ruhig, nimm nur die Bewegungen vor dem Fenster wahr. Sieh den vorbei rasenden Autos oder den eiligen Passanten auf der Straße zu. Vielleicht flitzt ein Eichhörnchen den Baum hoch oder Vögel fliegen rasch vorbei. Es herrscht ständige Bewegung. Welche Geräusche hörst du? Welche Lautstärke herrscht vor?
Dann schließe bewusst das Fenster.

Lass die Hektik draußen und werde dir deiner inneren Ruhe bewusst.

Mal eben unter die Dusche springen? Nein, diesmal lässt du dir Zeit. Du stellst das Wasser an und spürst, wie sich die Tropfen auf deiner Haut anfühlen, wie langsam der Kopf und die Haare nass werden. Ist der Wasserstrahl hart oder ist es ein weiches, schmeichelndes Gefühl auf der Haut? Welche Temperatur hat das Wasser? Vielleicht kannst du den Strahl regulieren und einmal fester oder strahlender einstellen. Könntest du es heißer vertragen, oder kalt? Probiere es aus und schärfe deinen Sinn für Berührung.

Hast du dein normales Duschgel, deine Seife, die du immer benutzt? Mach damit Schaum. Spür hin. Ist es das, was du möchtest? Oder einfach das, woran du gewöhnt bist?

Achtsame Dusche

Nichts tun

Einfach einmal nichts tun. In der Regel ist man ständig mit etwas beschäftigt. Heute nimmst du dir 5 Minuten Zeit, legst dich auf die Couch und tust nichts.

Spüre in dich hinein. Wie fühlst du dich? Setze dich bewusst mit deinen Gefühlen auseinander. In diesem Moment geht es um wichtigste Person auf dieser Welt - um dich.

Was für Pläne hast du? Was möchtest du? Beschäftige dich mit dir selbst, mit deinen Zielen, Ideen und Wünschen.

Öffne deinen Kleiderschrank und beginne zu entrümpeln. Welche Kleidungsstücke hattest du länger als ein Jahr nicht an? Weg damit in den Altkleidersack! Schaffe Freiraum.

Das gleiche gilt für den Küchenschrank. Brauchst du diese Tassen eigentlich, oder benutzt du diesen Topf? Hat die 43.ste Tupperdose jemals Verwendung gefunden? Trenne dich auch von Dingen die du nur selten verwendest, du wirst sie nicht vermissen. Du kannst die Sachen auf einem Flohmarkt verkaufen oder spenden.
Gehe so Schritt für Schritt durch deine Wohnung, den Speicher, Garage oder Keller und entledige dich aller unnötigen Dinge.

Du ordnest deine Wohnung und gleichzeitig dein Leben.

Ein befreiendes Gefühl.

Entrümpeln

Tagebuch

Das Schreiben eines Tagebuchs ermöglicht dir, dich mit deinen Gedanken und Gefühlen auseinander zu setzen. Du kannst dem Buch all deine Sorgen und Probleme anvertrauen und über persönliche Ängste befreit schreiben.
Tagebuch führen ist eine angenehme Art der Selbstreflektion.

Natürlich kannst du auch über deine Nächte schreiben. Ob du leicht einschlafen konntest oder dich mit Sorgen plagtest. Hast du geträumt und kannst dich erinnern? Was sagt dir der Traum. Wie hast du dich gefühlt, als du wach wurdest? Ausgeruht? Oder immer noch müde?

Nachtbuch

Lege einmal am Tag dein Handy, deinen Laptop oder ähnliches für eine Stunde bewusst beiseite. Sei unerreichbar, beantworte keine e-mail, Telefonat oder App. Verbringe die Zeit mit deinen Lieben, lies ein Buch oder nutze die Stunde für eine Achtsamkeitsübung deiner Wahl.

In der Regel sind wir permanent den Medien ausgesetzt. Bereits morgens gilt der erste Gedanke dem Handy, stetig läuft der Fernseher oder im Hintergrund das Radio und die meiste Zeit verbringen wir am Arbeitsplatz ebenfalls vor dem Monitor.

Räume dir täglich diese Stunde der digitalen Auszeit ein.

Digitale

Auszeit

Musik hören

Lege dein Lieblingslied ein und achte darauf, welche Gefühle es in dir auslöst.
Welche Erinnerungen werden dabei wach? Warum macht es dich glücklich?
Wenn du magst, kannst du diese Hör-Erfahrung auf eine ganze Lieblings-Playlist ausdehnen und dich dabei mit deinen Gefühlen intensiv auseinandersetzen.

Nimm dir noch einmal jenen Gegenstand, den du bereits betrachtet, gezeichnet und umschrieben hast.

Du hast dich bereits längere Zeit mit ihm beschäftigt, aber er ist nun nicht mehr von Nutzen für dich. Dieser Gegenstand wird nicht mehr benötigt. Er ist nicht von Wert.

Trenne dich bitte bewusst und zerstöre ihn.

Du hast richtig gelesen! Mach ihn kaputt. Zerreiße oder zerschlage ihn, wirf ihn weg.

Übe dich darin, ganz bewusst Dinge loszulassen.

Loslassen

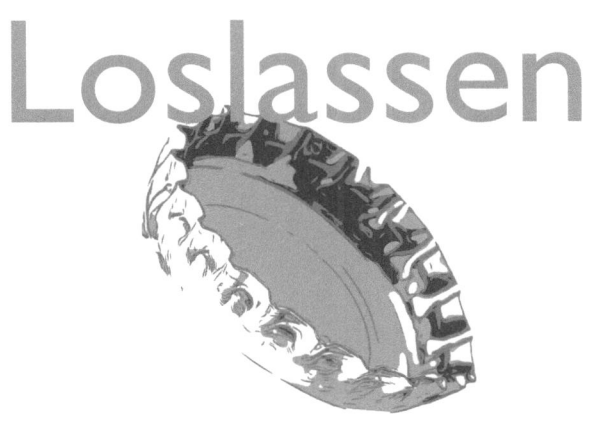

Latein für Alle

Latein ist eine alte Sprache, eine tote Sprache, eine Sprache für Akademiker, die sich damit wichtig tun. Wozu Latein? Nun, um sich auch wichtig zu tun? Oder die Wichtigtuer zu verstehen und ihnen vielleicht sogar Kontra geben zu können.

Paperback 70 Seiten
ISBN-13: 9783755700265
7,95 €

Das LSD Tattoo

und andere urbane Legenden

Die modernen Märchen, Geschichten die zu schön sind um nicht wahr zu sein.

Paperback 72 Seiten
ISBN-13: 9783755710998
7,95 €

Altes Brot

Melanie Koßmann zeigt mit 50 Rezepten, wie man altes Brot in köstliche Speisen verwandelt.
Man kann alte Brotreste in Vorspeisen, Hauptgerichten, beilagen sowie Desserts hervorragend weiter verwerten.

Paperback 110 Seiten
ISBN-13: 9783755700920
9,95 €

Das kleine Bruschetta-Buch
Die 40 besten Rezepte

Bruschetta war in früheren Zeiten ein „Arme- Leute-Essen" und ist ein italienisches Antipasti. Es gibt unzählige Variationsmöglichkeiten, von einfach bis extravagant, von traditionell bis zu Gourmet-Crostinis.

Paperback 96 Seiten
ISBN-13: 9783755701279
9,95 €

Yi Jing Das chinesische Weis-
heits- und Orakelbuch

Das Yi Jing, das Buch der
Wandlungen, ist in einer Sprache voller Symbole und An-
deutungen verfasst. Für den
westlichen Leser oft völlig un-
verständlich. Die Witwe Cheng
hat sich selbst die Texte in
knappen Versen notiert. Mit
klaren Aussagen.

Paperback 88 Seiten
ISBN 9 783755 716594
9,95 €

Die 50 besten
Streichholzrätsel

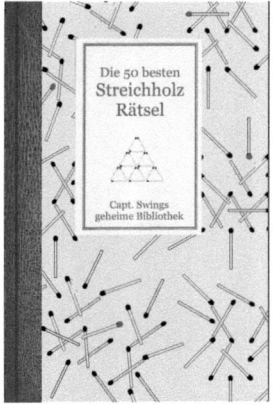

Auf den ersten Blick sieht es
ganz einfach aus. Und dann
liegt ein Hölzchen daneben
oder fehlt oder man hat sich
total verlaufen. Streichholzrätsel sind immer ein kleiner
Spass.

Demnächst in Capt. Swings
geheimer Bibliothek

Liköre selbst gemacht

Selbst gemachter Likör ist immer ein wundervolles Geschenk aus der Küche, welches von Herzen kommt!
Wenn der Likör dann noch in der einer phantasievollen Flasche mit selbstgemaltem Etikett steckt, ist er ein echtes liebevolles Unikat.

Paperback 88 Seiten
ISBN 9 783755 715504
8,95 €

Ballonspiele

Du kennst mich schlaff, du kennst mich rund, ich mache alle Feste bunt.

Jetzt hol tief Luft und pust´ mich auf, denn spielen kannst du mit mir auch!

Paperback 72 Seiten
ISBN 9 783755 716587
7,95 €

Capt. Swings
geheime Bibliothek